LES MINISTRES

EN

ROBE DE CHAMBRE.

IMPRIMERIE DE VICTOR CABUCHET,
RUE DU BOULOI, N° 4.

LES MINISTRES

EN

ROBE DE CHAMBRE.

PUBLIÉ PAR RABAN.

PARIS,

CHEZ LES LIBRAIRES DU PALAIS-ROYAL,

M DCCC XXVI.

LES MINISTRES

EN

ROBE DE CHAMBRE.

Audacieux et fluet ; et l'on parvient à tout, dit le solliciteur ; pour moi, qui, grâce au ciel, possède ces deux brillantes qualités, je puis me flatter d'être déjà parvenu bien loin, quoique je ne possède encore aucune des places que j'ai convoitées, et pour lesquelles j'ai fait une terrible consommation de chaussure : que de *becquets* à mes escarpins! combien de côtelettes aux surnuméraires! que de fers à mes bottes, et de polichinelles aux marmots des suisses!..... et à quoi tout cela m'a-t-il conduit? à rien.....

Quand je dis rien, cela n'est pas exact; car, ainsi que je l'ai avancé plus haut, j'ai pénétré plus loin que les quatre-vingt-dix-neuf centièmes des solliciteurs, et si cette aventure ne m'a pas donné de place, elle me donne le moyen de faire quelque bruit dans le monde, ayantage que certaines gens paieraient bien cher, s'ils pouvaient l'acheter. Voici le fait : à force de courbettes, de suffisance, de légèreté et d'à-plomb, j'étais parvenu, chose presque incroyable, à m'introduire dans le cabinet du premier ministre ; et, ma pétition d'une main, mon chapeau de l'autre, le *monseigneur* sur les lèvres, et l'épine dorsale en conversion, j'attendais la venue du grand homme, arbitre de mes destinées : tout à coup le bruit des pas de plusieurs personnes vient frapper mon oreille étonnée ; j'écoute attentivement, et je reconnais bientôt qu'au lieu d'une excellence, il en vient deux, et que la conversation est très-animée entre elles. Des excellences qui se querellent ne sont pas de bonne humeur, c'est une réflexion que je fis sur-le-champ ; et une excellence qui n'est pas de bonne humeur envoie très-volontiers les solliciteurs au diable, et comme un solliciteur ne craint rien plus que les rebufades d'un *monseigneur*, je me trouvai, de conséquence en conséquence, forcé de chercher, sous le bureau, un refuge contre la mauvaise digestion ministérielle ; car ils avaient mal digéré, rien n'est plus certain : c'est un accident qui leur arrive souvent, et l'on s'en aperçoit de reste aux beaux projets qu'ils enfantent.

J'étais donc, grâce à l'exiguité de mon individu, blotti, moi chétif, sous le bureau d'un grand homme, lorsque la conversation suivante attira mon attention, et me dédommagea en quelque sorte de la torture que j'endurais avec la résignation d'un solliciteur émérite.

— Vous me mettez dans de beaux draps, disait le garde-des-sceaux, avec votre droit d'aînesse, que le diable confonde! J'ai cru d'abord, lorsque vous me donnâtes le conseil de fabriquer promptement ce projet; j'ai cru, dis-je, qu'il allait être couvert de bravos; il semblait, à vous entendre, qu'il ne nous manquât que cela pour nous placer au premier rang des ministres passés et futurs; et à peine en a-t-il été question, que toute la France sembla se liguer contre moi; je ne perds pas courage cependant, je soutiens que le projet est bon *quand même ;* je sue sang et eau pour faire en sa faveur un discours à la Cicéron; je soutiens que l'égalité des partages est *bonne pour des sauvages*, que les pères qui aiment autant les cadets que les aînés, *sont de véritables hommes des bois*, et toute mon éloquence ne sert qu'à me faire huer, conspuer, vilipender. Corbleu! M. le président du conseil, cela passe la plaisanterie; n'était-ce pas assez d'avoir, avec cette loi du *sacrilége*, fait crier contre moi tous les vilains? Ah! sandis! si j'étais encore maître en fait d'armes comme il y a vingt ans, que de semelles je ferais rompre à tous ces braillards!.... Mais ce temps est passé, il est si loin que je me le rappelle à peine, et maintenant que je suis ministre, il me semble que je l'ai été toute ma vie. Je conviens qu'il est bien doux de s'entendre appeler *Sa Grâce ;* mais ce qui ne l'est pas, c'est qu'on se moque de *ma Grâce* encore plus que de *votre excellence*, et pourtant, Dieu sait si cela est juste ; car, après tout, je ne suis que le parrain de vos enfans ; s'ils ont de mauvais principes, ce n'est pas ma faute. et si les Chambres les rejettent, mettez-les à l'école, quant à moi, j'ai déjà bien assez de ceux de ma femme, et capédébious !.....

Ici Sa Grâce porta la main à son front, fit une pirouette, et son talon vint se placer sur ma main gauche, que par distraction j'avais allongée hors de ma cachette. Je retins un cri prêt à m'échapper, et la douleur fut si vive qu'il s'écoula plusieurs secondes sans qu'il me fût possible d'écouter. Lorsque j'eus repris mes sens, un murmure nazillard m'annonça que le ministre en chef avait pris la parole ; j'écoutai de nouveau avec attention.

« De quoi diable vous plaignez-vous donc, mon cher comte? ne devriez-vous pas vous tenir pour content que sur trois articles, on vous en ait laissé un ; et alors que cette loi eût été rejetée entièrement, vous devriez me savoir gré de vous en avoir donné l'idée. Je suis d'une certaine force en fait de calcul, et personne n'en doute, depuis que j'ai prouvé très-clairement que du trois pour cent à soixante-seize valait mieux que du cinq pour cent à quatre-vingt-dix-huit. Nous sommes dans le siècle du positif, mon cher collègue; c'est avec des chiffres maintenant que l'on raisonne; voici donc mon raisonnement à votre égard. Je me suis dit : le ministre de la justice est détesté de la France entière....

— Comment, sandis! vous avez dit cela?....

— Sans doute. N'allez-vous pas

vous fâcher pour une vérité ? Est-ce qu'une foule de gazettes ne s'est pas chargée de nous regaler chaque matin des quelques gentillesses de ce genre-là ?.... Mettez-vous donc, mon cher comte, à la hauteur des circonstances; cela doit vous être plus facile qu'à un autre; car, en votre qualité de mari..... je voulais de mari. ... enfin vous comprenez; en cette qualité-là, vous devez être philosophe, et mettre sous le pied, ce que des gens moins aguerris portent sur le front..... Revenons à mon calcul. Je disais donc. Mon cher collègue étant déteste de toute la France, n'est-ce pas lui rendre un véritable service que de parvenir à le faire détester seulement des trois quarts de la population? Il y gagnerait un quart, et si j'ai le bonheur de trouver les cadets un peu moins hargneux que les rentiers, peut-être y gagnera-t-il deux cinquièmes. Alors je cherchai le moyen d'atteindre à ce but, et je n'en trouvai pas de plus simple que de vousengager à proposer le rétablissement du droit d'aînesse; car, pensais-je, quel que soit le résultat de cette proposition, les aînés ne pourront se dispenser d'un peu de reconnaissance, et il y aura réduction de haine. Ne remarquez-vous pas, mon cher comte, la profondeur de cette conception ?.. Tenez, entre nous, je puis vous dire que je suis un homme de génie supérieur, et.....

— Vous faites bien de m'en avertir, bagaz ! car je veux que le diable m'emporte si je l'avais deviné. Mais puisque vous appliquez si heureusement votre système de réductions, comment se fait-il que vous n'ayez pas encore tenté pour vous, ce que vous avez fait pour moi ?

— C'est-là justement ce qui prouve que je ne suis pas un

homme ordinaire, mon cher ami. Je veux que l'on parle de moi, que l'on s'occupe de moi, et que l'on pense toujours à moi, attendu qu'un grand homme doit avoir de la célébrité, et j'aime bien mieux être détesté de trente millions d'individus que d'en être ignoré.

— A la bonne heure; mais il est une chose dont vous faites encore plus de cas que de la haine d'une nation, c'est votre portefeuille; or, du train dont vont les choses, il ne serait pas surprenant qu'il vous échappât au premier moment, ainsi que le mien et celui de notre ami Corbière.

— Je vous dis, comte, que vous n'entendez rien aux affaires : les finances sont dans un tel état, que le plus intrépide postulant n'oserait en approcher. Il est vrai que je ne m'occupe guère de débrouiller ce chaos, et j'avoue même que cela est impossible; mais on me croit capable de faire l'impossible, et c'en est assez pour me maintenir.

— Tudieu! mon ami, l'habile homme que vous êtes !.... et que ces grands orateurs, avec leurs longs discours, sont de pauvres sires, comparés à des hommes de notre trempe; vous avez vraiment trouvé le meilleur moyen de rester ministre, et quand j'y réflichis, je suis tout surpris que cette idée-là ne me soit pas venue à moi..... Parbleu! cela est tout simple, et je veux dès demain commencer à mettre mon département sens dessus dessous.... Mais, mon cher, ne serait-il pas généreux, et vraiment digne de nous, de communiquer cette excellente recette à notre ami de l'intérieur? —

A peine le garde-des-sceaux avait-il prononcé ces dernières paroles, que la porte s'ouvrit, et l'on annonça M. de Corbière.. Contre l'ordinaire, son excellence paraissait très-animée.

— Cela se conçoit-il! ils ont rejeté la loi *malgré* mon discours!.. un chef-d'œuvre auquel mon secrétaire Godiche * a travaillé deux mois, et que j'ai débité comme mon *Pater*!.... Faites donc des frais d'éloquence! Payez des gratifications pour avoir des périodes arrondies!.... Et mon improvisation, comment l'avez-vous trouvée? Godiche n'a jamais fait mieux; il est vrai que nous y avons travaillé ensemble pendant une quinzaine, aussi est-ce soigné!....

(*) C'est le nom du secrétaire de M. le comte de Corbière.

LE GARDE-DES-SCEAUX.

L'opposition va chanter victoire ; c'est le plus désagréable.

LE PRÉSIDENT DU CONSEIL.

Victoire ! pourquoi cela ?

LE MINISTRE DE L'INTÉRIEUR.

Pourquoi? Belle question ! parce que la loi n'a point passé.

LE GARDE-DES-SCEAUX.

Nous dirons que nous l'avions prévu.

LE PRÉSIDENT DU CONSEIL.

Je veux prouver dans l'Etoile que ce rejet est une victoire pour nous.

LE MINISTRE DE L'INTÉRIEUR.

C'est un peu fort !

LE PRÉSIDENT DU CONSEIL.

J'en ai fait bien d'autres !

Il se fit alors un instant de silence, et au moment où le ministre des finances se disposait à prendre la parole, l'honorable M. de Corbière se mit à bâiller d'une telle force qu'il me fut impossible de me contenir, et je bâillai moi-même de façon à me décrocher la machoire : l'alarme se répandit aussitôt parmi le triumvirat : l'un tomba en syncope, l'autre se jeta sur un fauteuil, et le troisième, par un reste d'habitude, se mit à chercher ses fleurets et son plastron. Quant à moi, je m'élance hors de ma retraite, le bureau tombe avec fracas sur le parquet, et profitant de la confusion, je gagne au large, de toute la vitesse de mes jambes de solliciteur.

FIN.

www.ingramcontent.com/pod-product-compliance
Lightning Source LLC
Chambersburg PA
CBHW072028290326
41934CB00011BA/2913
* 9 7 8 2 0 1 1 8 8 1 9 7 7 *